una perra

liria evangelista

una perra

Voy hacia lo que menos conocí en mi vida: voy hacia mi cuerpo.
Héctor Viel Temperley, *Hospital Británico*

cuántas historias tendrás vos me dice
en el decir le brillan los ojitos
buena perra habrás sido y me lo alcanza
él tiene eso: objeto de mi más recóndita codicia
campo donde hendir mi letra
huella de mi pluma líquida
entintada: papel para mi historia
trocaría biografía por deseo
hombre quiere leer a mujer desconocida
hacerme cosita de trueque
                        sumisión interesada: mercancía.
no sé

insiste en mis historias de letra apretujada
como culito redondo que se entrega
me ruega escribir
bombachita deslizada entre las piernas
como dejando el bretel en un hombro
así caído
escribir
sosteniendo seda
ay nena
    (nos decimos)
y las voces nuestras sólo murmullos
sonido como arrullos de paloma
cuerpos transparentes que al hablar se espesan
perra

¿Y si un hombre te invoca perra?
te imagina perruna te prefiere canina
te llama a puro vergazo prometido
escribí
a puro látigo te ordena
¿ladraré? me pregunto
¿le lameré las manos? como perra justamente
¿y si me humillo ?
      mariconcita como caniche blanco
en su deseo con mi lengua buscando el hueco redentor
le escribo como él quiera
¿bombachitas corpiños desprendidos
letritas que aprietan de sisa tetas al bies?
¿canesú que ofrece encaje y entrepierna?

cuál

me pregunto

cuál sería el precio de dragoncita emputada

¿vendida? ¿por dos mangos? ¿todo?

él tiene eso que yo quiero

objeto de mil formas

 eso: como líquido que cambia de espesura

a veces es olor a veces pelo

libro cuenco palabra graznido cosa

hoy es campo de escritura

                                    promesa de algo a cambio de mi historia

pero si yo fuera una perra

      de un salto le hundiría la lengua entre los labios

lo curaría como si fuera un cristo

ahora soy una perra

aullaríalincatrópica
pirovar fifar trincar matraquear
palabra destazada mutilada
con el cuchillo del matarife entre las piernas
y así hasta que la luna se deshace
nada sucede sin embargo

hombre digo y
los ojos le brillan
a él le brillan   y tiemblo
cuando me regala esto:
página en blanco carne destemplada y virgen
letra mía y sola
el desenlace imaginado
vuelvo a ordenar y a marcar la escena

es noche acaso del otro lado de la noche
yerta me vendí como cosita fingiendo ser el bicho que no era
lamer verga prometida a cambio de la letra
jugó la especie y otra vez ganó
y el otro pobrecito
gilún
de calladita fui arriándole eso que guardaba
mintiéndole el amor
cosquillas de lengua rasposa cola peluda
mueve que te mueve y en su mover que es un decir habla:
amo amo
dame le dije
putita empapelada y entintada
te lo voy a contar todo
le dije

y le ladré fui fayuta
                    mentirosa en mi ladrido
y pensé
pero no dije
no seré yo la esclava
y aunque tu verga poderosa quiera hacerse falo
                              minga

yo
la otrora niña puro verso
tendida sobre el lecho
orquídea de invernadero flor del mal
no duermo
no
maúllo como gata miro sombras
me acaricio los muslos me subo el camisón no duermo
y me acaloro
la luz aleja los fantasmas

la mano extiendo
y tomo un espejito
me miro y no pregunto
soy una Blancanieves olvidada
lo que se pudre configura el horizonte
puro verso
me contemplo: quién era, quién soy, quién voy a ser
desespero
a la entrepierna llego acariciando
reinado de mis polvos de mis estruendos mudos
                          oh poeta

el cuore me palpita
la vulva suave
peludita
algo me ciega
refucilos rayos y centellas
mandinga apersonado y asesino se yergue solo
enhiesto casi en su nidito gaucho
mesma mata de yuyos morochazos
un pelo luz mala
 un pelo blanco
juera bicho quiero gritar y el espejo me devuelve
mi sino de viejita

desdentado mi fantasma futuro se ríe en los rincones
si te la arrancás te crecen cinco
se toca y se retoca
                    el fantasma
el puro hueso blanco
que ahora es su vagina
acerco el espejito a la marca del demonio
le digo en un susurro minga
la desafío la conmino fuera

como reina que fui alguna vez yo me levanto
y presta tomo tijera e implementos
corto y recorto
pelo y pulo
dejo caer cabello en hogar de meo y excremento
cuan presto se va el placer   lloro y medito
da dolor me digo da dolor
                    y encremo y acaricio
la infancia se recobra en su tersura
conchita pueril monte de niña
la princesa está triste
pobre mina suavizo mi carne   puro verso
florcita que el otoño me ha parido

me ato las manos
me encadeno para no sucumbir a las primeras comezones
voy como puedo
       ángel caído   reina destronada
gimiendo silenciosa mi derrota

a veces me despierto en el umbral de tu nombre
desmemoriada estrella más que fugaz   la palabra de decirte
¿quién es vos entre los otros?
hombres como casas iluminadas en la noche
su recuerdo da cobijo amparo fueguito donde calentar

[el tiempo
¿a quién le hablo?
¿ golem deforme de erguida verga o lobo o santo
que me hundiste alguna vez la lengua entre los dedos
descalza yo   que me lloraste los talones
que implorando ofreciste nalgas de pelo a mis caricias
a mis embistes de amazona?

¿o marqués? rostro divino e impiadoso
Inigualable en tu crueldad y en mi deseo
clavaste ramos de espinos en mi vientre
rememora el cuerpo exánime sobre la cama que respira
soy muchacha en flor de mi pasado
perdida y sola
ando en el umbral del tuyo y tantos nombres olvidados
hombres que me fuiste ¿un rostro? ¿más que muchos?
fueron voces ecos apagados en la mueca del orgasmo
no
de algunos ni las sombras
de otros   nada
ni el acaso
de noches como esta sobrevivo

tuve ante mí

glandes cordilleras picos nevados

cóndores que abrieron huequitos al rocío

lamí tragué escupí asqueada

hombres

cavaron cráteres   túneles

esculpieron con sus rostros mis falopios

inclinados los pétalos hasta allí llegaron   tronó fanfarria

dicotiledóneas íntimas

sangrías menstruales ellos también sorbieron

perforaron hendieron mutilaron

algunos

como una mano en el espejo

apenas otros
resbalaron
toqué arrastré vejé me fui volví desnuda de percal
yo también un tango trágico yo sonatina
y becqueriana
otras veces   tantas
me llamé a silencio
              monstruoso el gozo   única la pena
extraordinaria

soy sombra enfalecida
bivalvo que no abre su boca ni su lengua
cuerpo de sal
fui anémona cisne pluma
y verde prado memoria llena de alegría
ahora soy mujer que vive de su espera
enfaltecida
soy arrecife médano arena
los pies descalzos
escamados como peces más que muertos
materia aconchillada lamida por la espuma
soy resto de naufragio
cosita
basura de lo que trae el mar

el deseo de la muerte es un lugar
no es noche oscura del alma   no
es eso: un lugar sin adverbios ni adjetivos
es hueco herida boca aire sin aroma

en el mientras llevo el dolor
como racimos de uvas tristes

fui besando todos los cuerpos   pienso
                (todos no —el de mi padre nunca—)
me prosterno contrita
            me interrogo
¿Qué he hecho de mi vida, dios mío?
mientras contemplo el tiempo como si fuera un cuadro
                  Una mano ajena

él tiene eso: oscuridad canosa de entrepierna
lo que es apenas entrevisto así de refilón y se prohíbe
eso: glande escroto ano vientre ombligo grupa ajena
él tiene todo (hombre al fin)
tendrá su semen sus orgasmos su sudor sus excrementos
todo tendrá como cualquiera
no sé   no sé
este es el mapa de un cuerpo del que nunca lameré los bordes
el único
ni su flora ni su fauna nada de él
pura vergüenza   geografía para mi sin lengua
a veces asco misterio en lo que evoca (del hombre de mi sin
                                                    [las palabras)
un animal herido muerto descompuesto

estoy hablando del cuerpo de mi padre
calzoncillo blanco en la memoria a la luz de un banco
                                        [de cocina de un pasillo
la puerta del baño apenas entreabierta
juegos en la cama los domingos
su vientre el vértigo de un tobogán para la nena
calorcito que se espesa con el olor de otra mujer
es mamita es mi frontera dice salí y dice no se toca
todo eso: nada más que la forma de mi padre en el recuerdo
entonces llega el tiempo de llorar y me pregunto
¿se toca el cuerpo del papito muerto?
¿beso en la frente? ¿y después? ¿en la mortaja?
ni foto ni olor ni carne hendida
ni nena ni manito ni hueco de la axila pelos como humo
digo de él nada (del hombre sí)
fue años y es tierra hueso polvo de un osario
él tiene eso: (hombre) primero
huella que se mira y se toca en otros hombres
                            todavía

duele
dice la voz que viene desde antes
es mamá la que habla
como un soplo insiste
duele
es papá la voz que le responde
papito al filo de su enojo
y yo feto temeroso
oído absoluto
escuchá bien él va diciendo
el dolor es moneda
se suda se sangra
se trabaja y se acumula
se ahorra y se aguanta boca chiusa
capisce?
baja ella la cabeza
y nada ofrece más que su dolor
lo frota para sacarle brillo
y que nos ciegue en su fulgor
nos enseñe la lección más verdadera
a ella y a mi la nena sin nacer

era mi madre y era joven
el vientre se lustraba   su única moneda
y yo adentro
yo fetito mientras tanto   navegando líquida
transparente gusano de ese vientre
casi perra
tomando de sus jugos
eructando hipando a caballo de su cervix
yo era el dolor feto
moneda en la alcancía
había perdido ella antes su fortuna
se habían ido abortando mis hermanos
en fila india hipocampos de inodoro
tan inocentes mis hermanitos muertos
esa memoria de desagüe
fue su única riqueza
mamita boca chiusa
hay que aguantarme
escuchaba ella mi amniótica voz?
mi susurro fetal?
hay que aguantarte
ella mordía sus palabras
hacía de su queja una caricia
contándome bajito
a mí al gusanito que ahí mismo se anidaba:
me dice el tano bruto
de qué te quejás?
las de mi pueblo parían en el campo

guadaña en mano   cantaban
escupían las placentas
segaban el cordón como si fuera trigo
sostenían la cría
y seguían cantando entre las moscas
ese dolor es el que vale
la moneda que asegura al hombre entre las piernas
y no esta pobre cosa   capisce?
pobre de mí
volvía a rumiar mamita el desconcierto
nena ella también
bajaba la cabeza con vergüenza
se acariciaba el vientre
para siempre atada a las formas de ese hombre
sometida a los acentos de su voz
a la repetición de sus orgasmos
capisce?
entonces el cuerpo de papito se hacía carne
ay mamá
no me cuentes imploraba yo
fetito tembloroso acurrucado en mi placenta
con los ojos dolientes y cerrados
imaginaba la piel de esa montaña
los caminos rugosos los surcos azules de sus venas
la portentosa verga italiana de mi padre
la suavidad iluminada de su punta
la lava blanca   el pegajoso fuego que me hizo
ay mamá   mamita hay que aguantarlo

yo aleteaba adentro arrodillada sobre la huella leve
fetito enamorado
húmeda en la baba que el nombre de mi padre iba dejando
arrullo que la voz de la otra me cantaba

y mamá no se calla
me va buscando las manos que aún no son
cuenta los deditos
canturrea
duermasé mi niña duermasé mi sol
duermasé duermasé

tanto arrorró el de la madre nena
para esta nena perrita no nacida

nadie sabía que debajo de sus tetas
mi madre escondía un grano
uno solo
perfecto en su blancura que tensaba la carne
ese era nuestro secreto
a veces a la hora de la siesta me llamaba
hacía calor y me llamaba
pichoncita vení
apretá me pedía sacameló
caído el bretel del camisón de nylon
ella sostenía delicadamente su teta izquierda
con las dos manos la levantaba
como si fuera un jazmín o un animal herido
entre mis ojos y el mundo se erguía esa teta ese perfume
(¿así sostendría mi madre la verga de su hombre
como palomita la acariciaría
como copo de azúcar como serpiente mansa
se la pondría entre las manos midiendo su peso su levedad
antes de la mordida del lengüetazo del fuego blanco

                                    [en la garganta?)

por eso me acercaba
yo obedecía hurgaba debajo de su teta
con dos de mis deditos apretaba
latía el grano a punto de reventar la piel
yo apretaba esa carne acariciaba su lisura todavía tierna
no sale nada mami
apretá pichona apretá no tengas miedo
y el grano era una piedra pulida de tinenti
una luz que brillaba iluminándole la penumbra lechosa
                                                    [del pezón
la curva del vientre
los pelos que se escapaban del encaje falso de su
                                                    [bombacha rosa

los ojos de la nena
miran a mamita duplicarse en el espejo empañado
la espían desde atrás en el vapor del baño
la ven encremarse la grupa acariciarse las caderas
abrirse despacito las piernas contemplarse
entalcarse la vulva con Maja de Myrurgia
la madre juega con sus tetas las acaricia las levanta
se demora en la blancura luminosa de su grano
su secreto
(sabrá papito de su suavidad de su dureza
del leve palpitar de esa pústula escondida
o sólo se detendrá en los orificios en las cuevas)
la nena mira
es su primera experiencia de la carne es ese cuerpo la cifra
                                                    [del futuro
              es la medida de lo que será suyo

ese cuerpo
lo separé de mi a martillazos a los golpes
lo fui echando de mi a dentelladas a empujones
hasta dejarlo solo convertido en esa cosa
en ese animal rendido que es el cuerpo de mi madre
inerme en su vejez
guarda todavía el grano debajo de su teta
aunque la piedra que resistió al tiempo ya no brilla
el grano blanco endurecido la ilumina sólo en mi memoria
la vejez es su falta de luz es una costra debajo de su teta
algo húmedo supura por fin
justo allí donde se le está rompiendo el corazón
en ese rinconcito escondido al abrigo del olor de sus pechos
en ese lugar se le anida la muerte que aún no llega
se anuncia en los pliegues de su carne en las podredumbres
los espasmos

su cuerpo es la playa donde me tiendo a esperarle la muerte
y mi vejez
le hablo bajito mamá le digo
tiene ahora los ojos velados casi ciegos
me tiendo a la orilla de mi madre huelo sus desechos
y me pregunto qué ve desde la telaraña de sus ojos
qué escucha perdida en su sordera

duele

dice la voz que ya no canta

es paloma que perdió su arrullo

y se quedó arrinconada en su silencio

    en su graznido

soy yo el feto

la perra que se acerca al cuerpo de su madre

 para asistirle la vejez

nada le queda de su antigua fortuna

de sus monedas de oro

nada le queda entre las piernas ni hombre ni pelaje

la rodeo le miro los contornos le palpo con asco

los árboles secos y azulados de las piernas

los pliegues la grasa de su vientre

el secreto que guarda debajo de la teta

le imagino los pulmones el riñón

lo que no se ve y el tiempo fue pudriendo
tengo que tocar ese cuerpo
con lealtad obligarme al intercambio
acunar sus años
limpiarlo para que no hieda en su final
es ella es mi madre la que se duplica en mí
se dobla en mí reconoce su cuerpo en este mío
rincón para su ultima mirada
soy su hijita su espejo
a su lado me arrodillo la lavo la perfumo
le acaricio la vulva con Maja de Myrurgia
mamita
debajo de la piel aún huele a orines
a cálido excremento
la acuno la arrullo con ternura
ya no duele viejita ya no duele
la tomo entre las manos
le entrego a la muerte este fetito
duermasé le canto mi chiquita
mamita duermasé

                                        duermasé

así será:
cuando yo esté volviendo a la sombra perfecta que me hizo
a mi padre muerto
a la voz de paloma de mi madre
mis hijos se acercarán a mi me rodearán
como quien se despide de un animal querido
(hombres al fin) irán destazándome despacio
piernas tetas brazos labios de peluda oscuridad ombligo
matarifes de la carne más deseada más amada
carniceros
¿de qué festín seré manjar?
¿quién de mis hijos me comerá primero?
¿quién tendrá el premio en el reparto?
¿me lamerán los ojos? ¿me cortarán los párpados
con la puntita filosa de sus lenguas?
¿saborearán contentos su mendrugo su trofeo?

¿quién me chupará los dedos bañará con su saliva mis nudillos
hincará dientito en mis falanges?
¿cortarán el vientre? ¿separarán carne y piel
hasta encontrar la manzana incandescente?
¿la pegajosa bola de sangre que alguna vez fuera su cuna?
así será:
de mi quedará casi nada una carcasa un poco de carne
[desgarrada
las sobras de la fiesta
limpiarán mi sangre hasta dejar relucientes las paredes
mirarán con ternura mi osamenta
con delicadeza astillarán mi fémur mi pelvis mis huesitos
¿estos hijos míos irán por el mundo?¿ saciados de mi?
penitentes   mendicantes ¿digerida la carne devorada?
agitando la campana de los frailes los leprosos los blasfemos
¿así irán?
 embarcados en la nave de los locos de los idiotas
errando sin destino mercachifles
a los gritos ofreciendo a la mamita santa a la mamita muerta
¿vendiendo por dos mangos las reliquias?

cuando me fui de esa lengua que había sido mía
me fui de mi simplemente sin pensar dejé
los muebles en su sitio abiertos los cajones
quietos
como asomados a la orilla de un río inmóvil
hubo polvo y silencio también hubo
encontraron su tumba los objetos las palabras
dormiditos se quedaron en las piezas vacías
y yo me fui
par que chas
limpié todo lo que había sido tu paisaje
escupí tus letras tu tesoro
hablé con otra voz deshabité mi casa

y ahora
empujada por grande pena y mucha soledad
como papel que el viento barre en la vereda
quiero volver a tus tres sílabas
a tu memoria de luz amarilla
a los tachos de basura en fila india
a los aromas del verano

quiero volver al barrio laberinto ceniza paraíso
cavar la fosa donde tirar mis huesos
par que chas
doblo la esquina de torrent enfilo por del temple
buscando a quien yo era así llego
dos cinco cuatro nueve los números
cifra cielo detenido
mariana laura sonia la gorda andrea las mellizas
y yo lilí
hay fantasmas en la puerta de mi casa
son los nombres de la infancia muerta
en el umbral que a todas nos cobija
las nenas de la cuadra están ahí sentadas todavía
secreteando haciéndose las trenzas no se fueron
boquitas mojadas de chupetín y chicle globo
hablan la lengua de un país extraño
y nada de lo que les digo se traduce

yo quiero hablar de valentina mi muñeca
de la entrepierna peluda de mi padre
de la voz de mi madre gritando mi nombre en la escalera
de mi bombacha manchada con la primera sangre
quiero decir que soy arena bicho cuerpo que se pudre
quiero desenterrar palabras hacerlas cosa lastimarlas darles

                                                               [brillo

par que chas
quiero mi lengua natal la verdadera

                                  vuelvo para decir el tiempo

primera edición: buenos aires, mayo de 2012
edición para amazon: buenos aires, noviembre de 2018

www.ingramcontent.com/pod-product-compliance
Lightning Source LLC
Chambersburg PA
CBHW020440030426
42337CB00014B/1336